农村移风易俗行动指南

中国农学会　组编

中国农业出版社

北　京

图书在版编目(CIP)数据

农村移风易俗行动指南 / 中国农学会组编 . -- 北京：
中国农业出版社 , 2024.10.（2025.11 重印） -- ISBN 978-7-109-32514-2

Ⅰ . D648-62

中国国家版本馆 CIP 数据核字第 2024FL9538 号

农村移风易俗行动指南
Nongcun Yifengyisu Xingdong Zhinan

中国农业出版社出版

地址：北京市朝阳区麦子店街18号楼

邮编：100125

责任编辑：郭晨茜　国圆

版式设计：刘亚宁　　责任校对：吴丽婷　　责任印制：王　宏

印刷：北京通州皇家印刷厂

版次：2024 年 10 月第 1 版

印次：2025 年 11 月北京第 4 次印刷

发行：新华书店北京发行所

开本：880mm×1230mm　1/32

印张：3.25

字数：90 千字

定价：36.00元

前言

风俗者，天下之大事也。在拥有五千年文明历史的中国，风俗不仅是一种生活中的行为习惯，更是一种文化的传承和展现，对于构建社会稳定环境、维持良好社会秩序具有至关重要的作用。

然而，随着时代的变迁和社会的进步，一些传统风俗逐渐显得不合时宜，甚至成为社会发展道路上的"绊脚石"。例如，封建迷信、天价彩礼、大操大办等陋习，不仅束缚了人们的思想和行为，也阻碍了社会科学的进步和发展。因此，移风易俗成为当下社会不可回避的议题。

移风易俗，顾名思义，就是改变旧的风俗习惯，以适应新的社会环境和时代需求。这一过程并非对原有风俗简单地抛弃与取代，而是要求我们在保持文化连续性的同时，也要注重创新性和时代性。既要珍惜精华，也要敢于剔除糟粕，移风使之雅，易俗使之正。

乡村是中国传统文化的源头和根基。对于乡村现存的不符合时代要求的传统风俗，我们要坚持树立新风与尊重传统并举，顺应时代变迁，立足实际情况，以科学的态度，勇于改变和革新，为推动形成"爱国爱家、相亲相爱、向上向善、共建共享"的社会主义家庭文明新风尚迈出坚实的一步，更好地满足人民群众对美好新生活的期待和向往，更好地让优秀传统文化得以传承和发展。

移风易俗是一个长期而复杂的过程，离不开全社会的共同努力。让我们通过一次次的文明实践，让"人人知"转为"人人行"，做文明新风的积极倡导者，主动传播者和自觉践行者。只有这样，才能真正实现优良风俗的传承和发展，让文明乡风、良好家风、淳朴民风成为广袤农村最动人的风景。

采访实录

　　农业是咱们国家的第一产业，农村不但为国民经济发展提供根基和土壤，同时也是中华民族众多传统文化和优良习俗的发源地。同时我们也应该意识到，当前农村的一些风俗已经与新时代的发展不相适应。为此，我们应当积极地倡导并参与到移风易俗当中去，一方面潜心传承优良传统，另一方面要对传统文化习俗进行创新，在农村广袤的土地上书写新时代更加美好的篇章。

——北京市顺义区龙湾屯镇　张亚利

（北京龙湾巧嫂果品产销专业合作社理事长、全国十佳农民）

　　在我们当地素来有"千金之产，万金之邻"的说法。顾名思义，这句话说明了睦邻友好的重要性！"远亲不如近邻"更加贴切地说明了乡邻友爱的民风对于社会和美的重要意义！

　　乡村振兴也包含了乡邻友爱的文明民风建设。邻里友善，相互扶助，关爱守望，和美与共既是中华传统美德，也是社会发展进步的必然要求！让我们共同努力，携手共建良好的邻里关系，为和美乡村建设营造积极的人文环境！

——辽宁省大连市瓦房店李官镇　洪涛

（大连瓦房店市东阳棚友设施葡萄协会会长、全国百名杰出新型职业农民）

近几年在农村，男娃找对象越来越难，有的女娃比较现实，找对象第一要求就是城里要有房有车，第二是高额彩礼，农民靠种地和打工，需要辛苦几十年才能攒够，导致目前农村男娃娶媳妇难。还有的女娃爱听网络上的一些"毒鸡汤"，不管两个人的感情如何，男方必须有车有房，这样一来年轻人都感觉负担太重，也就放弃了结婚想法。在这里我想给年轻人提个建议，男女朋友之间的感情关系不应该建立在金钱和房车上，只要两个人有共同语言，一起奋斗打拼，婚后一切都会有的。

——陕西省西安市周至县终南镇　任东侠
（陕西省西安市周至县农家乐果蔬专业合作社理事长、西安市优秀科技特派员）

我们要行动起来，共同打造宜居宜业的和美乡村。保护农村环境，是我们每个人的责任。我们要从自身做起，养成良好的环保习惯，垃圾分类，节约资源，保护水源和土地，让碧水蓝天成为我们乡村的标志。同时，我们也要传承和弘扬乡土文化，营造和谐友爱的乡村氛围。让我们的乡村成为人与自然和谐共处的美丽家园。

——河南省驻马店市平舆县郭楼镇　贾高锋
（河南省驻马店市平舆县农业技术协会会长、中国农业技术协会最美科技工作者）

目录　Contents

前言
采访实录

Contents

婚丧嫁娶篇

让彩礼归于"礼"，向"天价彩礼"说"不"

幸福的"绊脚石"

随着高额彩礼频频出现，因彩礼而引发的婚姻家庭矛盾纠纷也日益增多。一些家庭因为彩礼金额谈不拢而闹翻，原本恩爱的情侣也因此分道扬镳。还有一些家庭，即使在彩礼问题上达成一致，但在婚后生活中却常常因为这一"旧债"而心生芥蒂，影响夫妻感情。

彩礼是什么

　　彩礼是指婚姻关系当事人一方（主要指男方）及其亲属依据习俗向对方（主要指女方）及其亲属给付的钱物（出自中国法学会"法治百科"项目领导小组办公室）。

　　彩礼归根结底是"礼"，这一传统习俗源远流长，深深植根于我国古代的婚姻文化中。它源自我国古代婚姻习俗中的"六礼"，不仅是婚姻缔结过程中的重要环节，更是蕴含着两个家庭对未来婚姻生活"宜其室家"的美好祝愿和期待。

看待彩礼要理性

　　有些人将高额彩礼视为爱情的"试金石"，认为只有付出足够的代价，才能证明爱情的坚贞不渝。然而，这种观念却忽略了婚姻的真正意义，将爱情与金钱紧密地捆绑在一起。

此外，高额彩礼也被一些人当作婚姻美满的"保险绳"。他们认为，通过高额彩礼，双方家庭能够更好地建立信任和联系，从而为婚后的生活打下坚实的基础。然而，这种观念忽略了婚姻中更为重要的因素，如双方的性格、价值观、生活习惯等。仅仅依靠彩礼来维持的婚姻，很难真正达到幸福美满的境界。

　　从表面上看，彩礼的多少似乎能够体现男方家庭对女方家庭的重视程度，但这并不是衡量爱情和婚姻质量的唯一标准。真正的爱情应该建立在相互尊重、理解和信任的基础上，而不是简单地用金钱来衡量。而婚姻的美满与否，更是取决于夫妻双方的性格、价值观、生活习惯等多个方面的因素。

莫为彩礼亏幸福

　　我们应该重新审视彩礼这一传统习俗。如果让高额彩礼影响了家庭幸福，就违背了通过彩礼祝福新人的初衷。有人调侃，生儿子是家里开"建设银行"，需要投钱投力；生女儿是"招商银行"，坐等收利收益。彩礼数额应当综合考虑家庭经济情况、当地习俗等因素，莫要为了金钱亏了幸福。让爱情和婚姻回归本质，摆脱金钱和物质的束缚，才能真正实现幸福美满的人生，让婚姻成为真正的幸福港湾。

法律这样讲

　　《中华人民共和国民法典》第一千零四十二条规定，禁止借婚姻索取财物。"禁止借婚姻索取财物"指的是反对借婚姻强行索取彩礼，或者以巨额彩礼作为结婚的条件。但是男方按照当地习俗支付适当数额的彩礼，或者结合自身经济条件自愿给付女方的行为是可以的。婚姻是自由的，彩礼只要符合自愿和适度原则法律都是不禁止的。

　　《最高人民法院关于适用〈中华人民共和国民法典〉婚姻家庭编的解释（一）》第五条规定，当事人请求返还按照习俗给付的彩礼，如果查明属于以下情形，人民法院应当予以支持：（一）双方未办理结婚登记手续；（二）双方办理结婚登记手续但确未共同生活；（三）婚前给付并导致给付人生活困难。适用前款第二项、第三项的规定，应当以双方离婚为条件。

　　鉴于近年来不断出现的由彩礼引发的诉讼，立法机关和最高人民法院也作出了明确的规定。一旦发生纠纷，我们要依法维护当事人的合法权益。

随礼要有度，别让"份子钱"变了味

李大妈的小账本

李大妈有一个精致的小账本，上面密密麻麻地记录着各种支出和收入。6月，她在这个小账本上又添了几笔不小的开支，一个多月的时间她送了9份礼金。一般情况下礼金都是200元一份，关系比较好的人家，或是比较亲近的亲戚，礼金还要更多。这样一来，9份礼金合计已经送出了一两千元。而这样的礼金花销，在一年中还会发生多次，总额往往超过万元。李大妈是一位普通的农村妇女，一年到头辛辛苦苦地劳作，挣的钱本就不多。然而，大部分的收入却都花在了礼金上。对于她来说，人情置换的负担已经让她苦不堪言，而又非常无奈。

事实上，李大妈的困境并非个案。在农村地区，大家都是一个村子长大的，不是亲戚就是邻居，只要村里有红白喜事，村民都会自发地去帮忙并且随礼金。这种传统习俗体现了农村的凝聚力和人情味，是乡村文化的重要组成部分。但近年来，农村有些地区过度随礼现象却愈演愈烈，在随礼金额问题上，村民们也渐渐产生攀比心理。给少了丢面子，给多了手头拮据，甚至借钱随礼，为随礼"拉饥荒"也不在少数。这种过度随礼的现象已经严重影响了农民的生活质量。

"份子钱"的由来

份子钱，又称礼金，是植根于中国农耕文明的一种民间习俗，体现了人们互帮互助的集体智慧和传统美德。在亲朋好友、邻里乡亲盖房子、娶媳妇等大事时送点礼、出点钱，人们传递着亲情、友情和乡情，增强了彼此之间的情感纽带。

层出不穷的宴请

在农村有条不成文的规定，即现在给别人随礼随多少，到时候轮到你了，别人也会随礼给你随多少。这种"礼尚往来"的原则在一定程度上保证了随礼的公平性，也维护了人际关系的和谐。

然而在有些地方，为了多收礼金，巧立名目，家里大事小情都要搞宴请活动，从最初的结婚宴随礼，再到满月宴、生日宴、老人寿宴、搬家宴、升学宴、开工宴、参军宴……各种酒席让人应接不暇。乱摆酒席，为了收礼金而收礼金，不仅给一些家庭带来了较重的经济负担，也造成了不必要的困扰，而且违背了礼金的初衷，失去了随礼的真正意义。

此外，频繁的宴请活动还助长了铺张浪费、攀比之风等不良社会现象。一些人在举办宴请活动时，为了炫耀自己的财富和地位，不惜花费巨额资金，造成了严重的资源浪费。同时，这种攀比之风也导致了一些人为了满足虚荣心而盲目跟风，进一步加剧了随礼活动的恶性循环。

走出人情随礼"怪圈"

　　乡里乡亲之间有一种亲切感、信任感，这是乡村特有的人情味，这种情感并非仅仅源于金钱的交换，而是深深植根于对彼此的了解和尊重。人情不仅仅是随礼金钱的多少，更多的应该是彼此了解对方的难处，在平时生活里相互关心、互帮互助。从简操办婚丧事宜，控制宴请规模、控制随礼礼金金额，抵制陈规陋习，才能走出人情随礼"怪圈"，让乡村的人情回归本质，树立文明新风。

法律这样讲 >>

　　随份子，在法律上是一种赠与行为，是赠与人将自己的财产（通常为现金）无偿给予受赠人、受赠人表示接受的行为。《中华人民共和国民法典》第六百五十八条规定，赠与人在赠与财产的权利转移之前可以撤销赠与，赋予了赠与人撤销赠与的权利。

压岁红包情深，年味莫染钱味

曹大叔的苦恼

春节期间，曹大叔很苦恼："小的时候长辈给压岁钱都是几块几毛，后来经济条件好了，压岁钱也多了。可不知道从什么时候开始，200 元都拿不出手了，动辄上千，也不知道后面是不是还得涨，压力挺大的。"

曹大叔的苦恼并非个案。春节，这个象征着团圆和喜庆的佳节，近年来对于许多人来说，却增添了一份特别的负担——压岁钱。许多网友表示，"发完压岁钱后，年终奖所剩无几"。这种压力不仅来自经济上，更来自心理上。毕竟，在许多人眼中，压岁钱不仅是一份礼物，更是蕴含着长辈对晚辈的关爱。甚至有些人将压岁钱的数额视为衡量亲疏的标尺，不得不为之努力。

莫让压岁钱变味

春节期间，孩子们最期待的莫过于收到压岁钱。压岁钱是中国传统年俗之一，寓意压住邪祟，平安健康度过新的一年，象征着长辈对晚辈的美好祝福。

如今一路上涨的压岁钱却成为不少大人的沉重负担。在这种氛围的影响下，孩子们拿到压岁钱后可能会聚在一起，互相比较，看谁拿到的红包更大。在孩子眼中，红包的大小可能会成为衡量亲情、友情的标准。他们可能会错误地认为，金钱是建立关系的决定性因素，而忽略了情感的本质。而一旦产生这种攀比心理，如果不加以引导和控制，可能会对孩子的成长产生不利影响，因为这种错误的认知不仅会使他们在今后的人际关系中变得功利和冷漠，还可能影响孩子们未来的人生观和价值观。

发多发少都是心意

　　年味儿不在于红包的大小，而在于传递红包表达心意的过程。压岁钱的多少更不是衡量感情深浅、关系亲疏远近的标尺。在有的村子里，过年大人们会提前准备好 2 元"利是"，既向小辈们表达美好的祝福，也教育了他们懂得尊重与感恩远比物质更重要。红包最重要的是图个热闹喜庆，小红包里蕴藏的是大心意，大人没那么大压力，孩子收到红包也都高兴。

守护好压岁钱的初衷

　　我们可以通过一些有趣的方式来赋予压岁钱更多的意义，比如将压岁钱装入一个精美的红包，或者附上一张写有祝福和鼓励的小卡片。共同守护好压岁钱的初衷，不让它变为负担，让新春佳节更加温馨、和谐和美好！

生前尽孝厚养，身后文明薄葬

老刘的遗憾

　　老刘出生在一个并不富裕的农村家庭，年轻时怀着满腔热血离开家乡，到城市打拼。他做过各种各样的工作，建筑工人、快递员、餐馆服务员……后来事业有了起色，工作也越来越忙碌，日子宽裕了一些，回家的次数却越来越少。

　　老刘的父亲一直默默地支持着他的事业，尽管很想念儿子，但他总是说："孩子，你放心去闯，家里有我。"老刘听了父亲的话，心里既感动又愧疚。他知道父亲为了他付出了很多，但他却无法陪伴在父亲身边尽孝。

　　直到有一天，老刘接到了家里的电话，得知父亲病重。他立刻赶回家，但遗憾的是，他还是没能见到父亲最后一面。父亲的离世让老刘深感悲痛和自责，他觉得自己对父亲的关爱和陪伴太少了。为了弥补这份遗憾，他决定为父亲举办一场盛大的葬礼。

　　葬礼上，老刘请来了乐队和舞狮队，还买了很多花圈和纸扎用品。他希望通过这种方式来表达对父亲的哀思和愧疚。然而，这场盛大的葬礼并没有给老刘带来多少安慰。他意识到，即使再盛大的葬礼也无法弥补之前没在父亲身边陪伴的遗憾。

"生前厚养，实为孝道；归后薄葬，真乃贤儿"

在农村，一些老人辛勤劳作一生，然而到了晚年，或因身体机能衰退而丧失劳动能力，或因疾病困扰生活难以自理。令人遗憾的是，因子女长期在外务工或是子女间相互推诿，导致老人陷入无人赡养的困境。更令人痛心的是，还有些子女对老人的物质需求和精神需求视而不见、冷漠无情，这种行为甚至引发了部分老人产生轻生自残等极端行为，最终酿成了无法挽回的悲剧。

在农村，老人过世后隆重操办葬礼常被视作子女尽孝的表现。然而，这种表现有时却沦为炫富、攀比和跟风的行为。有的子女错误地认为，墓碑立得越高、墓地规模越大，就代表着孝顺程度越高。但实际上，如果老人在生前未得到子女的充分孝敬和照顾，"厚葬"只是一种空洞的形式，毫无意义和价值。真正的孝顺在于生前的关心和照顾，一次真诚的陪伴，胜过百次形式化的扫墓。

倡导依法殡葬文明治丧

1. 火葬相较于土葬，具备多项优势。首先，火葬能显著减少丧葬花费，为家庭减轻经济负担。其次，火葬占用耕地面积少，从而有效遏制土地流失问题，保护宝贵的土地资源。此外，火葬还有助于避免细菌污染，维护环境和水源的清洁与安全。

2. 文明节俭办丧事。按照《殡葬管理条例》第二条规定，殡葬管理方针是：积极地、有步骤地实行火葬，改革土葬，节约丧葬用地，革除丧葬陋俗，提倡文明节俭办丧事。

3. 减少哀乐时间和次数。根据有关规定，除必要的祭祀活动外，不要采用现场表演哀乐的方式；在祭奠活动中不使用高音喇叭或其他方式扰民和污染环境。

4. 提倡用鲜花、鞠躬等文明方式寄托哀思。俗话说"生前厚养实为孝，死后薄葬乃贤人"。亲人离世、悲痛哀伤是人之常情，为逝者举行合适的纪念仪式是必要的。在表达哀思的过程中，我们也应与时俱进，采用更加文明、环保的方式来体现对逝者的尊重和对生命的敬畏。

鲜花祭奠先人，莫让清明"蒙尘"

祭祖引火致火灾

　　江苏省连云港市一名村民上坟祭祀，引火时不慎点燃周围落叶、灌木，导致大面积山林被烧，过火林地面积 2.469 3 公顷，烧死树木 1 138 株，过火杂竹林面积 1.4 公顷，受灾木材体积 23.78 米^3。该村民被法院判处有期徒刑一年，缓刑二年，赔偿 39 万余元。

　　来源：《最高人民法院关于审理森林资源民事纠纷案件适用法律若干问题的解释》配套典型案例　江苏省连云港经济技术开发区人民检察院诉仰某梅等三人森林失火刑事附带民事公益诉讼案

传统祭扫方式风险多

清明节，作为中华民族祭祀祖先、缅怀先烈的传统节日，具有深厚的历史文化底蕴。这一天，无论身在何方，人们都会以各种方式，表达对逝去亲人的怀念与敬意。然而，清明节等重要祭祀节点也是火灾意外事件的高发期。在我国农村地区，焚香、点烛、烧纸、放鞭炮等传统祭祀方式屡见不鲜。尽管这些传统仪式凝聚了人们的情思，但稍有不慎，极易引发火灾事故，对人民群众的生命财产安全构成严重威胁，造成难以挽回的损失。

1. 焚香点烛、烧纸放鞭炮等具有极高的火灾风险。在野外环境中，明火一旦产生，极易点燃周围的易燃物质，进而引发火灾，造成不可估量的损失。

2. 香烛、纸钱等焚烧过程中会释放大量有害气体，如二氧化硫和二氧化氮等。这些气体会对空气造成污染，并对人体呼吸系统产生危害，对居民健康造成不良影响。

3. 烧纸放鞭炮产生的烟尘和废弃物，会给乡村生态环境带来严重的污染问题，影响当地的生态和居民的生活。

文明祭祀平安清明

在祭祀时，我们一定要严格遵守安全规定，防范火灾等意外事件的发生。同时，尽量采用更加环保、安全的祭祀方式，如献花、植树等，以表达我们对祖先和先烈的敬意和怀念。此外，随着科技的发展，一些新型祭祀方式也逐渐受到人们的青睐。例如，通过网络虚拟平台祭祀逝去的亲人，用更加便捷、环保的方式寄托哀思。

法律这样讲 >>

　　《中华人民共和国刑法》第一百一十五条规定，放火、决水、爆炸以及投放毒害性、放射性、传染病病原体等物质或者以其他危险方法致人重伤、死亡或者使公私财产遭受重大损失的，处十年以上有期徒刑、无期徒刑或者死刑。过失犯前款罪的，处三年以上七年以下有期徒刑；情节较轻的，处三年以下有期徒刑或者拘役。

生活习惯篇

注重道德修养，抵制色情低俗

农村的"舞娘"

近些年来，在农村婚丧嫁娶、老人祝寿、孩子办生日宴等时，村民喜欢找人表演图个热闹。但有些演出为博人眼球，上演香艳刺激的脱衣舞，让人瞠目结舌……低俗之风让聚会变了味道，不堪入目的脱衣舞表演，不仅破坏气氛，而且给青少年带来了不良影响，这样的风气无疑是畸形的。

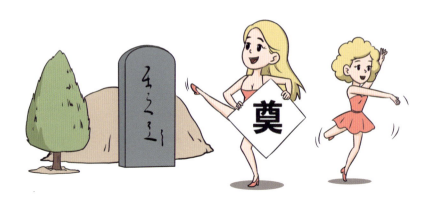

为什么低俗表演屡屡发生

随着农村经济的发展，农民们手头宽裕了起来，一些人通过邀请演员在婚丧嫁娶宴席上进行低俗表演，吸引眼球，壮大排面，博得"面子"。另外，一些偏远地区法治宣传和监管、打击力度不够，对低俗文化还存在着些许盲区，这些地区的村民平时没有太多有益的娱乐方式，不能鉴别低俗文化的害处，喜欢凑热闹、求刺激，就让这些低俗演出团钻了空子。

让色情低俗表演远离农村

低俗演出破坏农村的社会风气和传统文化。对于不文明的演出活动，大家都应站出来予以抵制，让恶俗之风不能在农村抬头。

多参与读书看报、看电影、看演出等文化活动，不仅可以丰富精神生活，提升文化素养，还能陶冶情操、培养审美情趣，从而远离低俗文化的侵蚀。

法律这样讲 >>>

　　组织淫秽表演罪是指以招募、雇佣、强迫、引诱、容留等手段控制他人从事淫秽表演的行为。是1997年修订的《中华人民共和国刑法》中补充的新罪行。《中华人民共和国刑法》第三百六十五条规定，组织进行淫秽表演的，处三年以下有期徒刑、拘役或者管制，并处罚金；情节严重的，处三年以上十年以下有期徒刑，并处罚金。

珍惜幸福生活，远离赌博陋习

刘大妈的牌局

　　刘大妈是个喜欢热闹的人，平时喜欢和邻居们一起聊聊天，打打牌。隔壁的张大爷是个爱好广泛的人，经常组织一些娱乐活动，刘大妈也经常参加。有一天，张大爷又邀请刘大妈参加一个牌局，说只是简单玩玩，输赢都不大。刘大妈心想，反正也只是娱乐一下，就答应了。然而，她并没有意识到，这次小小的邀请竟然给她的生活掀起了不小的波澜。一开始，还是小打小闹，赌注只有几十块。刘大妈想，反正钱不多没关系，如果走运赢了，可以赚点买菜的小钱。后来却越玩越上瘾，赌注也从几十元慢慢涨到了几百元，几千上万元，最后输得把自己的养老钱都搭了进去。

赌博是违法行为

赌博不仅是一种不良的生活习惯，更是一种违法行为。根据《中华人民共和国刑法》第三百零三条规定，以营利为目的，聚众赌博或者以赌博为业的，处三年以下有期徒刑、拘役或者管制，并处罚金。

赌博危害多

赌博不仅是个人的悲哀，更是家庭的灾难和社会的毒瘤。不仅对个人的身心健康造成极大的危害，更容易导致家庭破裂、社会不安。

1. 赌博损害身心健康。赌博成瘾者常常沉迷于其中，无法自拔。为了赢取更多的金钱，不惜昼夜奋战在赌桌上。长时间的精神紧张和生理疲劳，使得他们身心俱疲。久而久之，不仅身体健康受到严重损害，还可能引发各种心理疾病，如焦虑、抑郁等。更为严重的是，赌博成瘾者往往会为了筹集赌资而走上违法犯罪的道路，最终身败名裂。

2. 赌博破坏家庭和睦。赌博成瘾者往往将家庭财产输得精光，导致家庭陷入经济困境。更为糟糕的是，赌博成瘾者常常因为赌博而疏远家人，忽视家庭责任，甚至因债务问题引发家庭矛盾，最终导致家庭破裂。

3. 赌博导致社会问题。例如，高利贷、盗抢等治安事件常常与赌博活动紧密相关。

休闲方式新选择

　　文明健康的休闲活动很多，可以听曲艺、看戏剧、观影看书等娱乐身心，也可以打太极拳、踢毽子、散步跑步、打球、跳操等锻炼身体，还可以钓鱼野餐、爬山露营、做手工制品等休闲放松。

法律这样讲 >>

　　《中华人民共和国治安管理处罚法》第七十条规定，以营利为目的，为赌博提供条件的，或者参与赌博赌资较大的，处五日以下拘留或者五百元以下罚款；情节严重的，处十日以上十五日以下拘留，并处五百元以上三千元以下罚款。

　　根据前述法律规定，除组织者以外对于参与赌博赌资较大的，公安机关可以给予罚款、治安拘留等行政处罚。

　　《中华人民共和国民法典》第一百五十三条规定，违反法律、行政法规的强制性规定的民事法律行为无效。违背公序良俗的民事法律行为无效。

　　根据该条规定，在民事法律范围内，赌博人员向他人借款，出借人明知借款人用于赌博的，该借款行为无效，不受人民法院的保护，存在无法收回借款的风险。作为公民，对于借款人将借款用于赌博的，应当及时予以制止，如出借也会造成自己的经济损失。

珍爱生命健康，抵制毒品侵害

沾染毒品的小强

　　小强从小不爱学习，初中毕业后辍学在家。在酒吧、游戏厅等娱乐场所，小强结识了一群"狐朋狗友"。他们整日游手好闲，沉迷于酒精和游戏的刺激中。在这样的环境中，小强渐渐迷失了自我，他开始追求一种短暂而虚幻的快乐。一次聚会上，一个所谓的朋友向小强大肆宣扬毒品的"魅力"，声称它能带来无与伦比的快乐和放松。在好奇心的驱使下，小强经不住引诱，决定尝试这种神秘的东西。然而，他万万没有想到，这一尝试竟然成了他人生悲剧的起点。毒品让小强陷入了一个无法自拔的漩涡，他开始频繁地吸食，甚至不惜花费所有的积蓄来购买毒品。为了筹集毒资，小强竟然走上了贩卖毒品的道路。他越陷越深，最终无法自拔。天网恢恢，疏而不漏，小强的犯罪行为最终被公安机关发现，他被抓获并受到了法律的制裁。面对铁窗生涯，小强追悔莫及，他深知自己的过错，但事实已无法改变。

什么是毒品

鸦片　海洛因

大麻　可卡因

　　《中华人民共和国刑法》第三百五十七条规定，毒品是指鸦片、海洛因、甲基苯丙胺（冰毒）、吗啡、大麻、可卡因，以及国家规定管制的其他能够使人形成瘾癖的麻醉药品和精神药品。

毒品危害严重

1. 吸毒危害身体健康。毒品会直接损害神经系统和免疫系统，使人易感染各种疾病，最常见的有化脓性感染和乙型肝炎，乱用针头注射还可能会传播艾滋病。毒品还会引起心血管系统、呼吸系统和消化系统的疾病，严重影响身体健康。

2. 吸毒损害精神健康。吸毒者会出现戒断反应和精神障碍，戒断反应通常在突然终止用药或减少用药剂量后发生，其症状包括焦虑、失眠、头痛、恶心等，严重的甚至会出现幻觉、妄想等症状。

3. 吸毒破坏家庭幸福。吸毒者在自我毁灭的同时，也会使家庭陷入经济破产、亲属离散甚至家破人亡的困难境地。

4. 毒品扰乱社会治安。吸毒者往往会因为高额毒资从事各种违法犯罪活动，如盗窃、抢劫、杀人等，严重扰乱社会治安，给社会安定带来巨大威胁。毒品贩卖等活动还会导致黑恶势力的滋生和蔓延，严重破坏社会秩序和公共安全。

远离毒品

　　吸毒是一种严重危害个人健康、家庭幸福和社会治安的违法行为，参与毒品的买卖更是一种严重的违法犯罪行为。毒品不仅会摧毁吸毒者的身体健康，使其陷入无尽的痛苦和绝望之中，更会对家庭和社会造成严重的危害。因此，我们每个人都要提高识毒、防毒、拒毒能力，自觉远离毒品，拒绝毒品诱惑，同时也要积极参与到禁毒工作中去，共同营造一个健康、和谐的社会环境。只有这样，我们才能为自己、为家庭、为社会创造一个更加美好的未来。

法律这样讲 ＞＞＞

《中华人民共和国刑法》第十七条规定，已满十六周岁的人犯罪，应当负刑事责任。已满十四周岁不满十六周岁的人，犯故意杀人、故意伤害致人重伤或者死亡、强奸、抢劫、贩卖毒品、放火、爆炸、投放危险物质罪的，应当负刑事责任。

《中华人民共和国刑法》第三百四十七条规定，走私、贩卖、运输、制造毒品，无论数量多少，都应当追究刑事责任，予以刑事处罚。走私、贩卖、运输、制造毒品，有下列情形之一的，处十五年有期徒刑、无期徒刑或者死刑，并处没收财产：

（一）走私、贩卖、运输、制造鸦片一千克以上、海洛因或者甲基苯丙胺五十克以上或者其他毒品数量大的；

（二）走私、贩卖、运输、制造毒品集团的首要分子；

（三）武装掩护走私、贩卖、运输、制造毒品的；

（四）以暴力抗拒检查、拘留、逮捕，情节严重的；

（五）参与有组织的国际贩毒活动的。

生态环境篇

爱护环境卫生，共建美好家园

环境是乡村最宝贵的资源

农村生态环境是乡村最美的底色。"绿水青山就是金山银山"，乡村振兴必须坚决摒弃用"绿水青山"换取"金山银山"的观念。乡村环境问题不仅关系着村民健康，也关系到农村食品安全、水源安全等重大问题。

宜居宜业的美丽乡村

生态环境是乡村最宝贵的资源，具有自然属性和社会属性两大特征。良好的生态环境是乡村可持续发展的基础支撑。只有保护好生态环境，打造好人居环境，乡村才能成为宜居宜业的美丽乡村。

共同维护农村环境卫生

改善农村人居环境，提升农村公共卫生服务水平，是提高村民的生活质量的重要内容。让我们以实际行动改善卫生、保护环境，为建设宜居宜业和美乡村贡献力量。

1. 做环境卫生参与者。积极参与到清垃圾、清杂物、清污泥、清沟渠的活动中，按照"门前三包"责任制要求，对房前屋后等身边场所进行清扫，保持房前屋后卫生整洁，杜绝乱堆乱放、乱涂乱画等现象的出现。

2. 做环境卫生保洁员。培养良好的道德风尚，养成文明健康的生活方式，树立公共环境卫生意识，自觉做到：垃圾袋装，定时定点投放；不乱贴乱画，不随地吐痰，不乱扔乱倒垃圾，不沿街沿路燃放烟花爆竹；不践踏花木草坪，不破坏公共设施。勤动手，主动捡掉地上的果皮、纸屑、塑料袋等垃圾，养成讲文明、讲卫生的良好习惯。

3. 做环境卫生监督员。环境卫生涉及千家万户、每一个社会成员的生活和工作。不仅需要各级各部门和每一位村民的积极参与，更需要村民各方面的监督。每一位村民都要认真履行维护环境卫生的监督义务，对乱倒垃圾、乱泼污水、乱张贴、乱涂画、乱停放等不良行为进行劝阻、劝说，形成全体村民监督管理环境卫生的良好局面。积极维护好环境卫生，对损害环境卫生的行为进行劝导、举报和坚决制止，形成一个人人关心、人人参与、人人支持环境保护的浓厚氛围。

4. 做环境卫生宣传员。积极宣传安全、文明、卫生的行为规范，让环境卫生知识家喻户晓、老少皆知。身体力行，从自己做起，从身边小事做起，以自己的模范行为带动身边的人，形成人人自觉维护环境卫生的良好局面。

法律这样讲 >>>

　　《中华人民共和国环境保护法》经修正，自 2015 年 1 月 1 日起施行。其宗旨在于保护和改善环境，防治污染和其他公害，保障公众健康，推进生态文明建设，促进经济社会可持续发展。适用的范围是各种天然的和经过人工改造的自然因素的总体，包括大气、水、海洋、土地、矿藏、森林、草原、湿地、野生生物、自然遗迹、人文遗迹、自然保护区、风景名胜区、城市和乡村等。

　　《中华人民共和国刑法》第三百三十八条、三百三十九条、四百零八条都对严重破坏环境的行为进行了规定。根据这些规定，破坏环境程度较大的将受到刑事处罚。

珍惜耕地资源，保护我们的家园

落实"最严格"耕地保护制度

粮食生产，根本在耕地。《中华人民共和国土地管理法》第四章第三十条明确规定：国家保护耕地，严格控制耕地转为非耕地。国家实行占用耕地补偿制度。省、自治区、直辖市人民政府应当制定开垦耕地计划，监督占用耕地的单位按照计划开垦耕地或者按照计划组织开垦耕地，并进行验收。

严禁非法占用耕地

　　我国是农业大国，被誉为世界第一大粮仓。落实最严格耕地保护制度，全面执行耕地保护"八不准、六严禁"要求，坚决遏制耕地"非农化"、严格管控"非粮化"，为乡村振兴保驾护航。

"八不准"

　　1. 不准占用永久基本农田建房。

　　2. 不准强占多占耕地建房。

　　3. 不准买卖、流转耕地违法建房。

　　4. 不准在承包耕地上违法建房。

　　5. 不准巧立名目违法占用耕地建房。

　　6. 不准违反"一户一宅"规定占用耕地建房。

　　7. 不准非法出售占用耕地建的房屋。

　　8. 不准违法审批占用耕地建房。

"六严禁"

1. 严禁违规占用耕地绿化造林。
2. 严禁超标准建设绿色通道。
3. 严禁违规占用耕地挖湖造景。
4. 严禁占用永久基本农田扩大自然保护地。
5. 严禁违规占用耕地从事非农建设。
6. 严禁违法违规批地用地。

重视提高耕地质量

　　耕地红线不仅是数量上的，也是质量上的。在注重耕地数量管控的同时，要更加重视耕地质量提升和生态改善。通过实施秸秆还田、施用有机肥等，有效提高耕地质量，实现粮食产能提升与环境保护协同推进。

法律这样讲 >>

　　《中华人民共和国土地管理法》第七十七条规定，未经批准或者采取欺骗手段批准，以租代征等方式非法占用土地的，由县级以上人民政府自然资源主管部门责令退还非法占用的土地，对违反土地利用总体规划擅自将农用地改为建设用地的单位，限期拆除在非法占用的土地上新建的建筑物和其他设施，恢复土地原状。

保护林地资源，造福子孙后代

乱砍滥伐的刘某

    刘某在晴隆县花贡镇竹塘村购买谢某家自留山上杉木林后，未到林业部门申请林木采伐许可证，便私自雇佣他人对购得的杉木林实施砍伐，经鉴定，滥伐面积 4.2 亩*，滥伐林地蓄积 77.8 米^3。晴隆县林业部门在护林巡查工作中发现了刘某大面积砍伐林木的行为，要求刘某出示采伐许可证，刘某辩解称砍伐的林木是承包地种植的林木，不需要办理采伐许可证。刘某的无证大面积砍伐行为已经涉嫌滥伐林木犯罪，林业部门将该案交由森林公安立案侦查，查明刘某虽从谢某处购得砍伐区的杉木林，但未到林业部门办理采伐许可证，且采伐容积经鉴定高达 77.8 米^3。经晴隆县人民法院审理，认定刘某构成滥伐林木罪。

---

* 亩为非法定计量单位，1 亩 ≈ 667 米^2。——编者注

"自家"树木也不得随意砍伐

1. 在自家院子里、房前屋后砍伐个人所有的"零星"树木，通常是被允许的，因为这些树木数量较少，对生态环境的影响也较小。然而，一旦砍伐数量增多，就需要办理采伐证。未持有采伐证进行砍伐的行为，将被视为违法犯罪行为，可能会受到法律的制裁。

2. 即使是自家拥有林权的承包林、自留林，在伐木时也必须办理合法手续，取得林业部门核发的许可，才能采伐。在自家承包地上种植的林木，村民享有使用、管理和收益的权利，但林地山权归集体所有。

3. 在采伐过程中，必须严格遵守许可证规定的时间、数量、树种和方式。任何违反规定的行为，都可能被视为违法行为，受到法律的惩罚。

4. 自家院子里树龄百年以上的树木尤其要注意。根据《古树名木保护条例（草案）》（征求社会意见稿），任何单位和个人都有保护古树名木及其保护设施的义务，如果有损害古树名木及其生长环境的行为，将会被处以高额罚款。

植树造林福泽子孙

　　林地是国家重要的自然资源和战略资源。成规模的树林可以防风固堤，抵御自然灾害；还能防止水土流失，涵养水源，净化水质。参与植树造林，积极保护生态环境，是造福子孙后代的善举。

如何保护树木

　　1. 不乱砍滥伐树木，在名贵的树木周围设立保护牌以及保护栏；

　　2. 在树干上搭鸟窝，吸引鸟儿筑巢，通过生物防治害虫，避免害虫啃食树干；

3. 入冬前，在树干周围包裹稻草，对树木进行防寒保护；

4. 积极参加当地的"护林防火""义务植树"等活动，保护森林资源，将最好的环境留给子孙。

法律这样讲 〉〉

　　《中华人民共和国刑法》第三百四十五条规定，盗伐森林或者其他林木，数量较大的，处三年以下有期徒刑、拘役或者管制，并处或者单处罚金；数量巨大的，处三年以上七年以下有期徒刑，并处罚金；数量特别巨大的，处七年以上有期徒刑，并处罚金。

　　《中华人民共和国森林法》第四十四条规定，国家鼓励公民通过植树造林、抚育管护、认建认养等方式参与造林绿化。

　　《中华人民共和国森林法》第七十六条规定，盗伐林木的，由县级以上人民政府林业主管部门责令限期在原地或者异地补种盗伐株数一倍以上五倍以下的树木，并处盗伐林木价值五倍以上十倍以下的罚款。滥伐林木的，由县级以上人民政府林业主管部门责令限期在原地或者异地补种滥伐株数一倍以上三倍以下的树木，可以处滥伐林木价值三倍以上五倍以下的罚款。

传统美德篇

孝老爱亲传佳话，美德传承人人夸

王阿婆的烦心事

　　82岁的王阿婆与丈夫育有一子一女，因年老患病，经人民法院鉴定宣告为限制民事行为能力人，儿子担任其监护人。2022年起王阿婆患有多种疾病，她的退休金等各项收入共计7.8万余元，日常消费支出共计10万余元，儿子垫付了缺口费用，但无力继续垫付王阿婆日后的医疗费，女儿明确表示拒绝支付。儿子作为王阿婆的代理人起诉女儿，要求其承担2022年王阿婆的赡养费，赡养费计算的标准是该年度王阿婆退休金不足以支付医疗、生活、护理等日常费用的差额部分的一半。

静安区人民法院经审查认为，2022 年该年度王阿婆因患病治疗、护理、生活开销等，其收入确实不足以维护其日常生活。经过人民法院仔细询问老人的患病就医情况，在确定老年病情需长期持续治疗及产生相应费用的实际情况后，经调解，女儿同意向王阿婆支付该年赡养费的差额部分的一半，并在开庭后与儿子约定，王阿婆日后的医疗费、护理等费用超出退休金部分均由两人各半承担，定期结算。

来源：上海市静安区人民政府网

孝是一种文化

　　孝为德之本，百善孝为先。孝顺是维持家庭稳定，保证家庭幸福的重要因素。孝顺父母是我们每个人应尽的责任与义务，多陪伴父母，照顾好父母，让父母安度晚年，是子女对父母最好的孝敬。尽自己最大的努力，让他们感受到关怀和美好，这才是孝道的精髓。

孝更是一种行动

生前尽孝厚养，是我们中华民族的传统美德，更是文明乡村建设的重要指标。我们要扮演好为人子女的角色，让孝道这一中华文化传统美德在美丽的乡村传承下去。

1. 照顾老人生活。孝敬父母是我们一生的责任，回报父母的方式多种多样，没有具体的要求。农村在外务工的子女定期汇钱给父母，农忙时节关照地里的农事，关心老人身体健康，生病就医及时陪同照顾，让父母感受到温暖放心的行为都是尽孝的重要方式。

2. 慰藉老人精神。在有条件的情况下，子女应多创造机会与父母团聚，嘘寒问暖、陪伴侍奉，不让老人孤独无依。在特殊的日子，例如春节、重阳节、老人的寿辰等，给父母准备一份礼物、一个陪伴，也是为人子女给父母带来的最好安慰。

法律这样讲 >>>

　　《中华人民共和国宪法》第四十九条规定，成年子女有赡养扶助父母的义务。

　　《中华人民共和国民法典》第一千零六十七条第二款规定，成年子女不履行赡养义务的，缺乏劳动能力或者生活困难的父母，有要求成年子女给付赡养费的权利。

　　《中华人民共和国老年人权益保障法》第十四条规定，赡养人应当履行对老年人经济上供养、生活上照料和精神上慰藉的义务，照顾老年人的特殊需要。赡养人是指老年人的子女以及其他依法负有赡养义务的人。

恪守诚信之道，厚植诚信美德

老张的诚信致富路

　　养殖户老张为了发展养殖生意向银行贷款 10 万元。贷款期间，老张始终把信用放在首位，及时还款。银行根据他良好的征信，提高了他的贷款额度，支持他继续扩大经营。对于合作的客户，老张也是按时送货，按照承诺的品质交付产品。客户信任老张，不断给他介绍新客户，老张凭借着诚信经营一步步走上了致富的道路。

诚信是什么

　　"诚信"一词源于《说文解字》："诚，信也。从言出。"可见，诚信的根本含义就是言行一致，表里如一。孔子云："人而无信，不知其可也。"意思是说，如果人不讲信用，是不可能做成什么事的。诚信，就是诚实守信，它是为人之道，立业之本。

为什么要讲诚信

诚信不仅是道德要求，更是一个人在社会立足的保障。

诚信是农村村民互助的基石。鉴于农村社会的封闭性和人际关系的紧密性，村民间的信任和诚信显得尤为关键。在日常生活中，村民们需要彼此协助以应对各种生活挑战。若缺乏诚信，这种互助关系将难以维系。例如，农忙时节，需相互借用农具、劳动力等，此时彼此的信任成为维系互助关系的纽带。若一方背信弃义，将破坏这种互助，进而影响乡村的和谐稳定。

诚信对于维护农村社会的和谐至关重要。在农村社区，村民们需共同遵守诚信这一社会规范，以维护社区秩序。若缺乏诚信，这些规范将形同虚设，社区秩序将遭受破坏。

将诚信意识牢记心间

1. 要深化诚信观念，秉持"诚信立世，操守为先"的核心价值观，致力于实现"明理知信、善用其信、恪守诚信"的行为准则。

2. 在日常生活中，真诚待人、恪守承诺，坚决抵制虚伪及背信弃义行为。

3. 不散布流言蜚语，不发布不健康言论，讲求信用，诚实待人，心口如一，言行一致，做明礼诚信的表率。

4. 在开展经营活动时，要诚信经营，不售卖以假乱真、以次充好、过期变质和"三无"产品，秉持明码标价、公平交易原则，坚决抵制制假售假、坑蒙拐骗等欺诈行为。

诚恳换真心，厚道载深情

    诚信乃为人立身之根本。诚实守信，人人有责；欺骗欺诈，人人受害。每个人都应从自身做起，从身边每一件小事做起，恪守诚信，共同营造和谐美好的社会环境。

践行勤俭节约，反对铺张浪费

铺张浪费危害多

随着生活水平的提高，大家的消费观、消费能力均有一定的提升，随之而来的是借款消费、信用卡消费，由预支造成归还借款困难，不仅影响家庭和睦，而且还会带来因逾期违约造成的信用风险。一些先富起来的人大张旗鼓地盖豪宅、买豪车、大摆筵席，不仅浪费了社会资源，也助长了攀比和炫富心理，加剧了铺张浪费的不良风气。

勤俭持家是传统美德

勤俭节约是中华民族的传统美德。俗话说："成由勤俭，败由奢。"古人认为能否做到勤俭，是关系到人之成败、家之兴衰、国之存亡的大事。

如何勤俭持家

1. 首先要做好生产和经营活动，开源节流，这样才能不断地创造财富，循环不息。量力而行，杜绝大摆筵席、追逐名牌、过度消费等不良习惯。

2. 从生活中点滴小事做起。《左传》有言："俭，德之共也；侈，恶之大也。"从不浪费粮食、水电，珍惜纸张等这些身边的小事做起。

勤俭节约不是小气，而是一种理念，更是传统美德的正能量传递。节约体现的是一种忧患意识，一种可持续发展的深谋远虑，也是一种事关人类生存和发展的未雨绸缪。勤俭节约是中华民族世代相传的精神财富，也是中华民族百折不挠、生生不息的力量源泉。让我们携起手来，传承勤俭节约的传统美德，从我做起，做减少浪费的倡导者，做节约资源的实践者，为共建新农村美好家园贡献一份力量。

法律这样讲 ➤➤

　　《中华人民共和国民法典》第一千零四十三条规定，家庭应当树立优良家风，弘扬家庭美德，重视家庭文明建设。

勤劳方能致富，抵制好逸恶劳

李大哥的勤劳致富经

李大哥在一次苹果种植技术交流会上了解到一种苹果新品种，他认为种植新品种苹果效益好并且容易形成规模，想把这个品种引到自己村里去种植。于是，李大哥积极向专家和技术员学习科学的育苗方法和病虫害防治技术，通过不断地尝试摸索，李大哥种出的苹果长势良好，销售前景可观。勤劳的李大哥在积累财富的过程中，积累了丰富的种植、管理及销售经验，自己先富起来，又带领更多村民共同发展，共同致富。

农产品电商打开"致富门"

相对城市，农村污染较小，空气好。农村生产的小米、甘薯、土鸡蛋，苹果、桃、李、核桃，萝卜干、粉条、菜干等，在乡下人看来是再平常不过的食品，却受到城里人的青睐。目前农业电商处在发展阶段，急需优质农产品满足城市人群的日常消费。村民小刘发现这个商机，积极学习电商技术，不辞辛苦挨家挨户选商品，通过短视频和直播来售卖村里农副产品，找到了一条线上致富的新路子。

脱贫致富不能"等靠要"

在脱贫攻坚中，不少农户通过自力更生、艰苦奋斗脱了贫、致了富。但也不乏一些农户存在不同程度的"等、靠、要"思想，张口要政策，伸手要条件，寄希望于不劳而获。"等、靠、要"思想产生的根源是"懒病"，靠别人帮过得了一时过不了一世，要想过上好日子，唯有靠自己勤奋努力才是正道。

传承勤劳的传统美德

在中华民族的传统文化中早就有"勤劳致富"之说，勤劳的民族繁荣昌盛，勤劳的人民可以改变贫穷，过上幸福的生活。我们要以辛勤劳动为荣、以好逸恶劳为耻。通过自己的双手辛勤创造，我们的生活一定会越来越富足美满，美丽乡村也一定会焕发出蓬勃的生机。

邻里和谐百事兴，强梁蛮横起祸端

两败俱伤的邻里纠纷

谭某与黄某系邻居，双方因道路通行、树木砍伐、噪声污染、火灾隐患等事宜多次产生矛盾，积怨颇多。某日，双方又因黄某铲沙修补道路水坑影响谭某生活发生争吵。争执过程中，谭某用自家的铁锹将黄某已经填埋在道路水坑中的砂石挖出，黄某上前阻止，二者在争抢谭某手中铁锹的过程中发生肢体冲突，致使谭某眼部受伤、多处挫伤，黄某腹部受伤。之后，谭某、黄某各自到医院诊断治疗，并发生治疗费若干。经调解协商未成后，谭某诉至法院。

法院经审理认为，谭某、黄某因邻里纠纷发生冲突，在冲突过程中导致谭某受伤、人格权受损，黄某应当承担相应侵权损害责任。因双方均无证据证明其过错情况，最后法院根据公平原则确定双方承担同等责任，并判决由黄某向谭某赔偿部分医疗费、误工费、护理费等损失。

来源：长沙市望城区法院微信公众号

远亲不如近邻

在遇到紧急情况需要帮助的时候，远方的亲戚就不如近旁的邻居那样能及时给予帮助。平时邻里之间交往比远亲更多一些，邻里之间就有了一种胜于远亲的感情。

产生纠纷如何处理

《中华人民共和国民法典》第二百八十八条至二百九十六条对相邻关系进行了具体规定，包含了相互友善、帮助的传统原则，也包含了发生争议时的原则。在产生纠纷时，通过合法途径争取利益，让左邻右舍"亲密不过分""互助不互扰""共生不陌生"。

1. 和解。纠纷当事人就民事纠纷自行协商并达成协议，从而消灭争议。

2. 调解。由第三方（调解组织）就纠纷对双方当事人进行调停、说和，从而解决纠纷。调解达成的协议不具有强制执行力，但是具有法律效力，其效力类似于合同，对双方都有法律上的约束力。

3. 仲裁。财产纠纷双方当事人达成仲裁协议，将纠纷提交仲裁委员会予以裁决。仲裁机构的性质为民间组织，但是其所作裁决书具有法律约束力，并且具有强制执行力。

4. 民事诉讼。通过人民法院在平等主体之间行使国家审判权，解决平等主体之间民事权利义务纠纷。

法律这样讲 >>

　　《中华人民共和国民法典》第二百八十八条规定，不动产的相邻权利人应当按照有利生产、方便生活、团结互助、公平合理的原则，正确处理相邻关系。

　　《中华人民共和国民法典》第二百八十九条规定，法律、法规对处理相邻关系有规定的，依照其规定；法律、法规没有规定的，可以按照当地习惯。

思想观念篇

男女本就平等，切莫厚此薄彼

杨大姐的愤怒

　　春节期间，杨大姐的老公忙于工作，儿子在海外求学，她成了家中唯一的"留守者"。在这个象征着团圆幸福的节日里，杨大姐有些孤独失落，想着很多年都在婆家过年，正好借这个机会回娘家过年。当她满心欢喜地回到娘家，万万没想到仍不被允许上桌吃饭，要像小时候一样在厨房等着吃剩菜剩饭，因为当地习俗是"女人不能上桌"。杨大姐非常气愤，一怒之下离开了娘家。

为什么会重男轻女

　　农村重男轻女观念的形成，既有历史原因，也有现实因素。传统上，农村地区的劳动力需求大，男性被视为主要的劳动力，而女性则往往负责做家务和照顾子女。这种分工模式使得男性在家庭经济和社会地位上占据优势。此外，一些农村地区还存在封建残余思想，认为男性是家族的延续和传承，而女性则被视为"泼出去的水"。

重男轻女传统思想不可取

　　我国部分农村地区仍奉行着男尊女卑的传统观念。家中待客，女人们精心烹制饭菜，却要等男人们吃完了才能上桌。有些老人偏爱儿子，甚至要求女儿赚钱来补贴儿子。有的女孩从小受这样的家庭教育影响，对弟弟不计成本地奉献，被网友们戏谑为"扶弟魔"。这种重男轻女的观念也会影响父母对生育的期望，儿媳如果生了儿子，一家子皆大欢喜，但如果生了女儿，公公婆婆就开始唉声叹气，不帮忙照顾产妇，反而给脸色看，给家庭的和睦与稳定带来了严重的负面影响。

生男生女都一样

　　在农村有一句俗话，叫"养儿防老"，这种思想观念直到现在仍在部分农村地区存在。养儿不一定能防老，反倒要为儿子操心婚事、操心工作、操心孙子，操心到"老"。养女也不意味着不能防老，很多女儿经常回老家照顾父母，或在经济上接济，成为老人晚年不可或缺的精神支撑和坚强有力的经济支柱。所以我们要转变旧思想，生男生女其实都一样，女儿也是传后人。

男女平等才是长久计

随着社会的不断发展，男女平等的观念逐渐深入人心。然而，在部分农村地区，重男轻女的陈旧观念和错误思想仍然存在，导致了性别比例失衡，进而引发了婚配性别比失调的问题。

婚配性别比失调对农村青年的婚姻和家庭生活产生了诸多影响。首先，它加剧了农村地区的"剩男"现象，使得一部分男性难以找到合适的配偶，增加了他们的心理压力和社会压力。其次，婚配性别比失调也容易导致婚姻质量下降，甚至引发家庭矛盾和社会问题。此外，还对农村社会的稳定和发展产生了不利影响。

我们要坚持男女平等，摒弃男尊女卑的陈旧观念和错误思想。只有真正实现男女平等，才能从根本上解决性别比例失衡的问题。

法律这样讲 >>

　　《中华人民共和国宪法》第四十八条规定，中华人民共和国妇女在政治的、经济的、文化的、社会的和家庭的生活等各方面享有同男子平等的权利。

　　"男女平等"的三层含义：

　　1. 妇女应该享有与男性平等的人格和尊严，反对任何基于性别的偏见和歧视，体现公平、公正、平等的社会价值观。

　　2. 妇女与男性在经济、政治、社会、文化、家庭等各个方面享有权利和机会的平等。

　　3. 在经济社会发展过程中追求两性之间发展结果的平等。当然，争取两性的平等协调发展将是一个相当长的艰苦奋斗的历史过程。

优生优育福至，近亲结婚愁多

小花的痛心经历

陈小花出生在一个山村的普通家庭，她的父母思想保守、传统观念根深蒂固。小花到了适婚年龄，父母为了亲上加亲，强烈撮合她与知根知底、门当户对的表哥结了婚。小花和表哥的婚姻虽然得到了双方家庭的祝福，但他们的孩子却成了这段婚姻的牺牲品。第一个孩子早早地夭折了，这无疑给小花一家带来了巨大的打击。然而，更大的打击还在后头，第二个孩子出生后，他们发现孩子竟然患有遗传病，不仅发育缓慢，到了七八岁也不能像普通人一样交流，只会咿呀叫唤。

小花的故事让人心痛，同时也给我们带来了深刻的启示。我们应该科学地选择结婚对象，为孩子的健康与未来负责。

什么是近亲婚姻

近亲是指三代或三代以内有共同的祖先。如果他们之间通婚，称为近亲婚姻。近亲婚姻发生的原因包括"亲上加亲"、"换亲"等封建思想，以及部分地区的风俗习惯等。

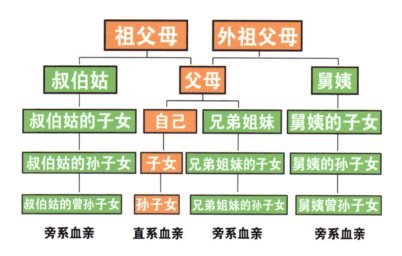

近亲婚姻的危害

从医学遗传学角度而言，近亲婚姻容易引起不孕、流产，存活下来的子代发生畸形和严重疾病的概率也大大增加，例如二十一三体综合征、先天性心脏病、无脑儿、脊柱裂、唇腭裂等。

这是因为每个人身上都会携带一定数量的隐性致病基因，近亲结婚会使这些隐性基因有更多结合机会，可能会产生遗传上的异常，导致后代出现各种遗传病、先天性疾病、生理缺陷等。

倡导优生优育

　　健康的孩子是家庭的希望。倡导优生优育，共建幸福健康家庭，弘扬中华民族传统家庭美德，践行社会主义核心价值观，推动形成文明乡风、良好家风、淳朴民风，助力新时代乡村精神文明建设。

如何做好优生优育

　　1. 孕前体检，可以检查出夫妻双方是否存在影响优生、优育的问题，防患于未然。

　　2. 在备孕的时候要注意有规律的生活，避免滥用药物。备孕期间夫妻双方都适量补充叶酸，可以防止胎儿畸形。

　　3. 孕期一定要定期到医院做检查，避免大喜大悲，避免抽烟酗酒，抽烟会导致胎儿发育缓慢、体重降低、早产、先天性心脏病等。

　　4. 注重胎教，胎教主要有音乐教育、对话教育、抚摸教育、艺术教育等。

　　5. 要重视新生儿筛查，避免错过早期诊断、治疗的良机。

　　6. 孩子出生后适时接种疫苗。

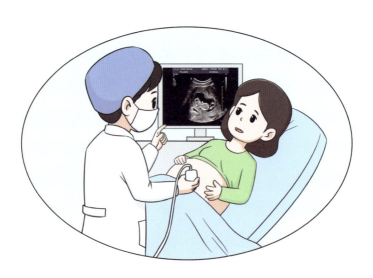

法律这样讲 >>

　　《中华人民共和国婚姻法》第七条明确规定，有下列情形之一的，禁止结婚：(一)直系血亲和三代以内的旁系血亲；(二)患有医学上认为不应当结婚的疾病。

关爱留守儿童，守护温暖亲情

误入歧途的小强

　　小强的父母一直在外打工，留下他和 60 多岁的奶奶住在一起。奶奶年龄大了，管束不住小强。缺少家庭督导的小强经常不完成学校布置的作业，学习成绩不好的他越来越厌学，为了打游戏经常偷拿邻居家的钱物，最终走上了违法犯罪道路。

农村留守儿童的出现

　　近年来，为改善家庭经济状况，寻求更好的发展，许多农村青年选择外出打工或创业。但由于工作不稳定，无法给孩子提供稳定的居住环境、良好的教育和照料等，他们往往把孩子留在老家托人照顾。这些孩子与父母相伴的时间很少，一般与年老的长辈一起生活，也有的被寄养在亲戚家中，导致大量农村留守儿童出现。

留守儿童可能面临的问题

1.由于缺乏父母的照顾，一些留守儿童的生活质量难以保障。

2.由于缺少父母的监督，一些留守儿童自控力不足，容易导致学习成绩滑坡，以及出现逃学、辍学等现象。

3.留守儿童与父母分隔两地，长期缺乏父母的关爱和陪伴，会对一些农村留守儿童的自尊心、自信心以及人格成长产生负面影响，使他们形成一种"缺爱心理"，产生孤独和无助感，进而引发社交恐惧、性格分裂等情况。

4.留守儿童的人身安全也常常面临着危险，部分留守儿童经常受到身边同学、邻居的欺负，有些甚至成为一些恶性事件的受害人。

5.由于缺乏父母的陪伴和教育，一些留守儿童缺乏正确积极的引导，很容易误入歧途，从而走上犯罪道路。

如何关怀留守儿童

　　1. 面对面的交流在亲子关系中具有不可替代的作用。父母可以尽可能安排时间回家探望孩子，亲自参与孩子的成长，与孩子共同度过美好的时光，不仅能够建立起深厚的亲子关系，也有助于孩子的健康成长。

　　2. 在忙碌不能回家陪伴孩子的时候，也要与孩子保持良好的沟通，可以通过电话、微信等，问问他们学习怎么样，生活过得好不好，有没有什么烦心事，多倾听孩子的心声，了解孩子的需求和困惑，多表达自己对孩子的关爱和思念之情，及时帮助孩子解决生活和学习上的困难，给予孩子精神上的支持和安慰。

3. 父母的关心和支持不仅体现在言语上，也体现在行动上。可以给孩子购买一些玩具和读物，帮助孩子更好地学习和成长。也可以通过邮寄礼物、发红包等方式给孩子带来一些欢乐和惊喜，让孩子感受到自己在父母心中的重要性。

4. 父母可以与孩子谈心，鼓励孩子表达自己的感受，让孩子感受到被理解和关心。如果孩子出现了心理问题，父母要带孩子积极寻求专业心理辅导和治疗，帮助孩子解决问题，恢复健康的心理状态。

5. 亲戚和朋友可以在日常生活中关心和照顾孩子，帮助孩子解决生活上的问题，陪伴孩子度过难熬的时光。

崇尚科学知识，破除封建迷信

"林大仙"的骗局

张某经朋友介绍认识林某，张某得知林某供奉神像，能"算命""破事"，便请林某帮忙为自己患有癫痫病的女儿"请神治病"。林某谎称张某女儿身上有脏秽附体，先后 9 次通过"算卦""烧纸还愿""破关"等封建迷信手段骗取张某钱财 5 万余元。张某迷信"大仙"，不仅耽误了女儿的病情，最终还陷入病情加重且无钱医治的窘境。

通过迷信方式进行诈骗的案件特点

1. 以骗取钱财为目的，编造虚假身份。如以算命大师或治病祛病神医的名义，骗取钱财。

2. 分工明确，诱骗性强。利用迷信内容迷惑，进行思想控制，进而骗取钱财。

3. 诈骗对象大多为中老年人。部分老年人封建迷信思想严重，易相信人，防范心理弱，对骗子的言行不警惕，容易上当受骗。

4. 识破时间晚，报警不及时。怕钱物因迷信被骗的事儿张扬出去，遭家人埋怨、别人耻笑，多数不会选择报案或者不能及时报案，导致公安机关错失破案的最佳时机。

5. 作案地点随机、不固定。行骗人员凭借"花言巧语"骗得钱财，来得快、走得快，得手后迅速逃离。

崇尚知识，破除迷信

　　破除迷信是农村精神文明建设的重要内容。只有树立科学思想，才能破除迷信，防止迷信思想在农村滋生蔓延，在生活中远离迷信毒害。

　　用科学知识武装头脑，自觉提高对愚昧迷信、伪科学活动的识别能力和抵御能力，最大程度地挤压迷信活动的生存空间，共同维护文明和谐的乡村环境。

正确抵制防范，不信歪理邪说

赵大娘的悲剧

  赵大娘通过一次偶然的机会，得知信全能神能够治疗自己儿子的小儿麻痹症，便义无反顾地将家里仅剩的一万块钱全部"奉献"给了全能神教会，以此顺利通过了全能神教会的"考验"。不承想，全能神教会为赵大娘儿子进行的"治疗"却把他害惨了，孩子在那里一天只能吃一顿饭，他们围着孩子不断地唱经、祷告，甚至用木板固定住孩子的头部，用砖头压、用脚踩。由于全能神教徒的轮番折磨，加上高温天气和吃不饱饭，在"治疗"的第三天，赵大娘的儿子因虚脱致死。被母亲倾家荡产送来治病的孩子，却被全能神夺走了性命。

来源：中国反邪教网

邪教组织是什么

《关于办理组织、利用邪教组织破坏法律实施等刑事案件适用法律若干问题的解释》中指出，邪教组织是指冒用宗教、气功或者以其他名义建立，神化、鼓吹首要分子，利用制造、散布迷信邪说等手段蛊惑、蒙骗他人，发展、控制成员，危害社会的非法组织。

邪教怎么让人上当

1. 编造歪理邪说。邪教惯用"末世论""劫难说""巫神论""天国说"等荒诞离奇的歪理邪说欺骗人们，利用人们对超自然力量的恐惧心理哄骗、恐吓人们加入邪教组织。

2. 以宗教为幌子。邪教多冒用"佛教""基督教""伊斯兰教"等合法宗教的名义欺骗、蒙蔽群众。

3. 鼓吹包治百病。邪教常常鼓吹"只要加入他们的组织就能消灾避难、治病强身，一年四季保平安"，从而诱惑使人们加入。

4. 实施精神控制。邪教常常通过精神诱惑、心理暗示等手段，诱导和控制信徒的思想和意识，使信徒们心甘情愿地受其摆布。

5. 暴力威胁恐吓。有些人在看清邪教组织真实面目后，想要摆脱其纠缠时，邪教组织多会采用暴力手段威胁、恐吓人们继续参加其组织的违法活动。

邪教的危害

1. 危害身心健康。一些受骗群众整天忙于传"教"，荒废生活与工作，甚至导致家破人亡。邪教组织还宣扬"信主可以免灾，祷告可以治病"，用骗术来为成员"治病"，阻止患病的成员去医院看病，导致成员伤残、精神失常甚至死亡。

2. 毒害未成年人。邪教组织利用未成年人判断是非能力较弱的特点，极力在未成年人中展开宣传，诱骗他们加入邪教组织，对其健康和成长造成难以挽回的损害，甚至出现许多极端行为。

3. 危害社会安全。邪教组织有时会采用恐吓威胁、非法拘禁等手段扩充组织、控制成员，还会非法传播大量邪教宣传品，严重危害社会安全稳定。

如何反对和抵制邪教

1. 接到宣传邪教的电话、短信、电子邮件时，要立刻挂断和删除，做到不听、不信、不传。

2. 遇到有人散发邪教宣传品，或进行其他反动宣传煽动活动时，应立刻远离，并及时报警，或报告基层党政机关。

3. 收到印有邪教宣传内容的人民币时，不要继续使用，可到银行进行兑换。

4. 当发现亲友误入邪教歧途时，要耐心细致地说服劝阻，或积极寻求有关部门帮助。

法律这样讲 >>

　　《中华人民共和国刑法》第三百条明确规定，组织、利用会道门、邪教组织或者利用迷信破坏国家法律、行政法规实施的，处三年以上七年以下有期徒刑，并处罚金；情节特别严重的，处七年以上有期徒刑或者无期徒刑，并处罚金或者没收财产；情节较轻的，处三年以下有期徒刑、拘役、管制或者剥夺政治权利，并处或者单处罚金。